만화 천로역정 1

만화 **천로역정** 1권

인 쇄	초판 1쇄 2017년 9월 15일
발 행	초판 1쇄 2017년 9월 20일
기 획	김종두
지은이	김홍만
그 림	이해경

펴낸곳	(주)히스토그램
주 소	경기도 부천시 원미구 길주로1 영상문화단지 만화비즈니스센터 306호
전 화	010-7942-8631, 032-653-1432
e-mail	histogram@hanmail.net

각권 값 11,000원　ISBN 979-11-950066-4-9

*잘못된 책은 바꿔드립니다.
*이 책의 전부 또는 일부 내용을 재사용하려면 사전에
　저작권자와 (주)히스토그램의 동의를 받아야 합니다.

순례자와 그 여정을 함께 떠나요-

만화 천로역정

시작하며

만화로 다시 태어난 '천로역정'

17세기 후반에 발표된 존 번연의 '천로역정'은 성경 다음으로 많이 읽힌 고전입니다. 천로역정의 원제목은 〈The Pilgrim's Progress from this World to that which is to come(이 세상에서 다가올 세상에 이르는 순례의 나그넷길)〉입니다.

그런데 천로역정은 결코 쉽게 이해할 수 있는 내용이 아닙니다. 구원을 비롯해서 그리스도인의 영적 경험들을 다루고 있기 때문입니다. 하지만 그 내용은 깊은 의미를 담고 있습니다. 교회에 나가는 신자는 물론이거니와 교회를 다니지 않아도 기독교에 관심을 두고 있는 사람들에게 매우 중요한 메시지를 전달하고 있습니다.

이번에 천로역정의 메시지를 분명하게 나타내고, 또한 쉽게 이해할 수 있도록 만화로 구성하기로 하였습니다. 만화로 된 천로역정을 읽는다면 여러 가지 유익을 얻을 수 있다고 판단한 것입니다. 우선 천로역정을 쉽게 이해할 수 있으며, 만화로 되어 있어서 오래 기억할 수 있습니다. 즉 기독교와 신앙에 대해서 분명한 이해를 얻을 수 있습니다.

더욱이 '만화 천로역정'은 본래의 내용과 메시지에 충실하면서 원문에 어렵게 서술된 것을 쉽게 해설하여 풀어놓았기 때문에 독자가 신속하게 이해하며 적용을 할 수 있습니다. '만화 천로역정'은 2권으로 되어 있는데, 아마도 독자들이 이야기에 빠져서 단숨에 읽을 수 있을 것입니다. '만화 천로역정'을 읽고 신자라면 구원과 신자의 생활에 대해 큰 도움이 있기를 바라며, 기독교에 대해서 궁구하는 분이라면 기독교의 근본 원리를 쉽게 이해해서 자신에게 적용하기를 바라는 바입니다.

김홍만 · 이해경

1권 차례

영적으로 깨어나는 죄인 17
전도자의 안내 23
세상 지혜자의 유혹 48
좁은 문 66
해석자의 집 80
구원의 은혜에 미치지 못하는 사람 140
고난의 언덕 148
아름다운 궁전 166
교회의 기능 182
영적 전투 197

존 번연의 편지 218

2권 차례

사망의 음침한 골짜기 22
성실 38
영을 분별하라 54
순교 80
두 마음의 친구들 106
데마와 은광 120
생명수의 강과 샛길 초원 136
의심의 성과 절망 거인 146
기쁨의 산과 목자들 158
마법의 땅 189
뿔라 땅과 죽음의 강 208
천국 입성 220

존 번연의 편지 226

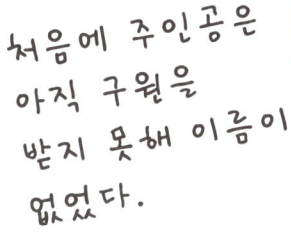

성령께서 그의 영혼을 깨우치신 것이다.

주님!
저는 어떻게 해야 구원을 얻을 수 있습니까?

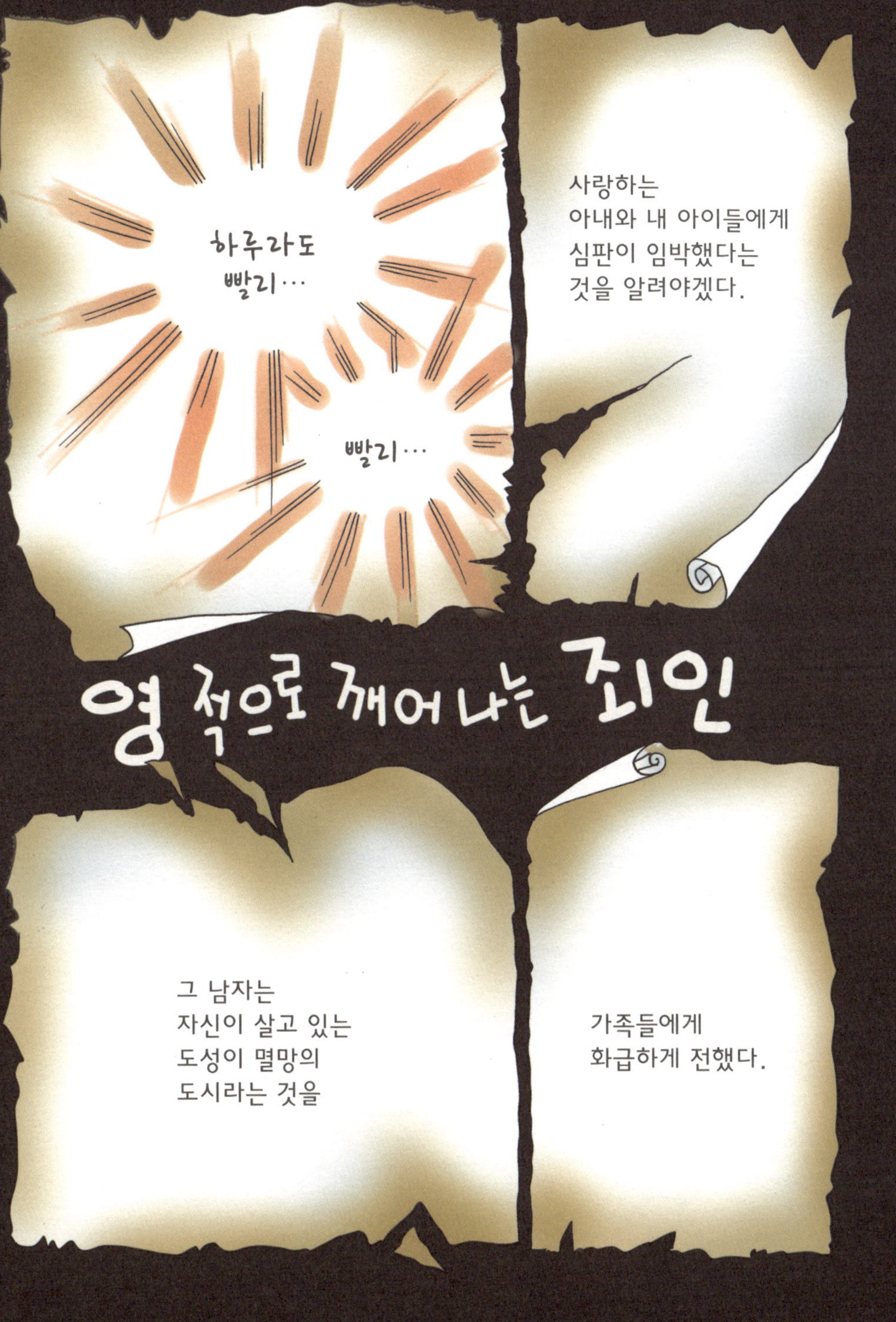

하루라도
빨리…

빨리…

사랑하는
아내와 내 아이들에게
심판이 임박했다는
것을 알려야겠다.

영 적으로 깨어나는 죄인

그 남자는
자신이 살고 있는
도성이 멸망의
도시라는 것을

가족들에게
화급하게 전했다.

이 말을 들은 가족들은 정신을 차리고 각성하기는 커녕

아버지가 정신이 이상해진 것이라고 생각했다.

전도자의 안내

그 남자는 죄의 용서와 불의를
가릴 수 있는 방법을 찾고 있었다.

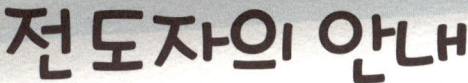

이때 그 남자의 이름은 믿음의 증거가 나타나 크리스찬으로 바뀐다.

그러니 나와 함께 갑시다.

엥?

친구들하고 우리가 좋아하는 것들을 버리고 떠나자는 거야?

그럼요. 세상적인 것을 버리고 떠납시다.

아니, 자네가 가는 길에 무엇이 있기에 이렇게 떠나자는 거야?

전도자의 안내 | 033

주님께 구해야 합니다.

아무튼 많은 것을 얻을 수 있다니 기분 좋네.

하하하…

이렇게해서 변덕쟁이도 세상의 것을 얻기 위해 이 길을 나선 것이다.

  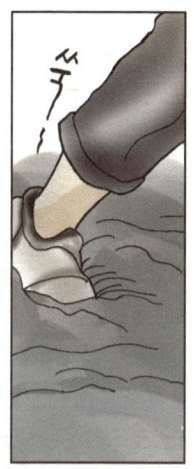 

변덕쟁이는 천성에 가는 것을 세상의 부와 물건을 얻는 것으로 생각하여 순례길을 출발했으나 어려움을 만나자 마음이 바뀌었다.

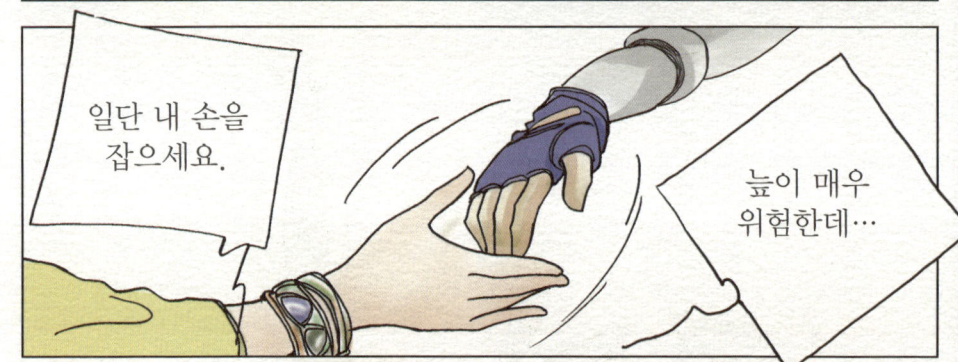

"그 선생의 집은 어디에 있나요?"

"저 언덕 보이지요?"

"네!"

"그곳으로 가 보세요."

세상 지혜자는 크리스찬을 유혹하는 데 성공하였다.

율법의 행위로 자신을 구원하려던 크리스찬은 육신의 지배를 받는 유혹에 빠진 것이다.

히브리서 10장 26-27절
우리가 진리를 아는 지식을 받은 후 짐짓 죄를 범한즉 다시 속죄하는 제사가 없고 오직 무서운 마음으로 심판을 기다리는 것과 대적하는 자를 태울 맹렬한 불만 있으리라.

세상 지혜자는 죄짐을 벗으라고 했지요?

네, 무조건 배낭을 벗어 던지래요.

헉 헉

율법주의자가 죄짐을 벗겨 줄 수 있다고 했어요.

율법의 행위로는 죄짐을 벗을 수 없어요.

무섭기도 하고요.

떨려요.

어떻게 하면 다시 구원을 회복할 수 있나요?

선생님, 제게도 희망이 있습니까?

그 자의 말만 믿고 곁길로 간 것을 후회하고 있어요.

세상 지혜자의 유혹

당신의
죄는 결코 작은
죄가 아닙니다.

길을 벗어난 것과
금지된 길을 걸어간
것입니다.

네!
저는 지금
저의 죄를 너무
미워하고
있습니다.

크리스찬은 길을 벗어난 지점에 이를 때까지 매우 긴장한 상태로 갔으며 바른길로 되돌아 오고서야 비로소 안심하는 듯 얼굴에 미소를 띠었다.

좁은 문

크리스찬은 전도자의 말대로 계속 길을 갔으며 드디어 좁은 문에 이르렀다.

"두드려라. 그러면 열릴 것이다"

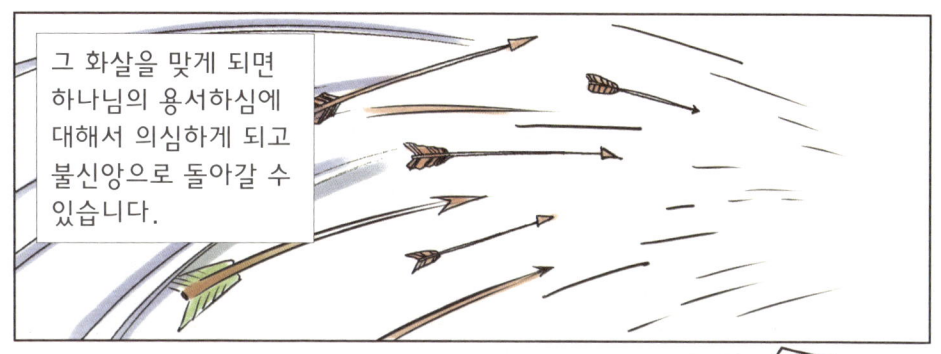

그 화살을 맞게 되면 하나님의 용서하심에 대해서 의심하게 되고 불신앙으로 돌아갈 수 있습니다.

앗!

문에 막 박혀요.

그래도 뚫고 들어오진 못해요.

네에~

두렵네요.

불을 켜라.

내 이름은 해석자요.

이 시간 당신에게 꼭 알아야 할 것들을 가르쳐 주겠소.

아~!

해석자님.

해석자는 성령님을 의미한다.

촛불을 켜라고 한 것은 성령의 조명이라고 말한다.

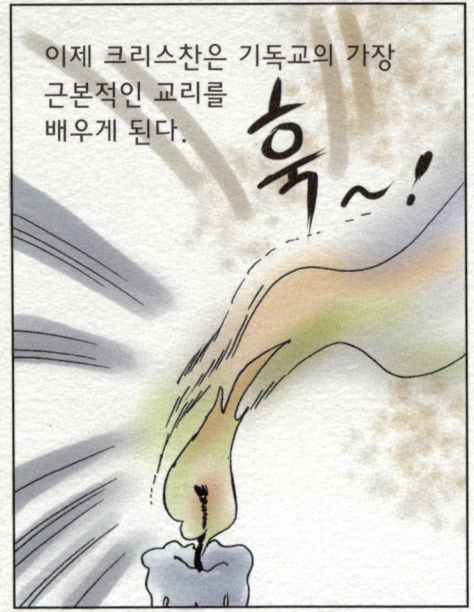

이제 크리스찬은 기독교의 가장 근본적인 교리를 배우게 된다.

여긴 첫 번째 방이오.

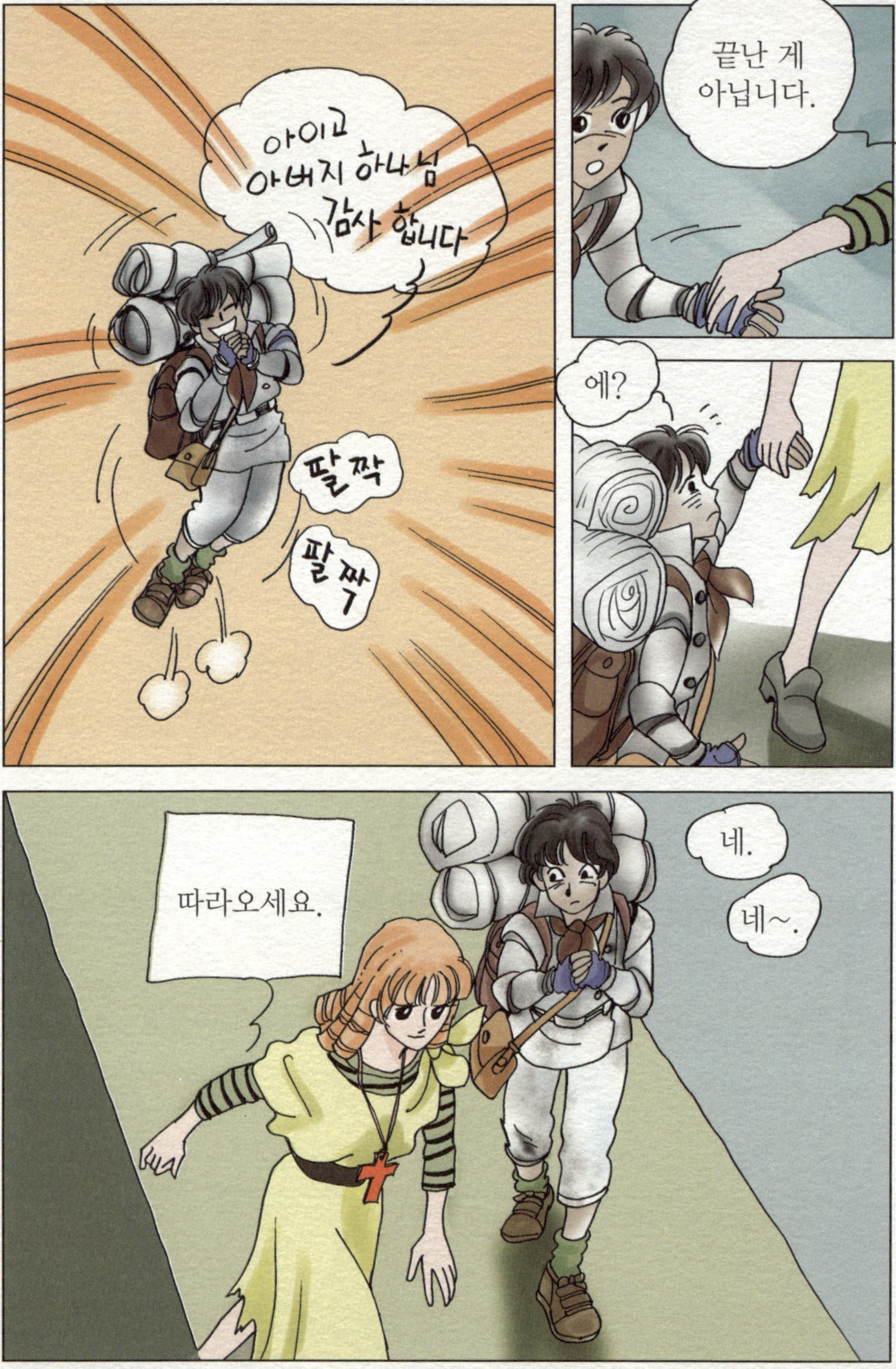
아이고
아버지 하나님
감사 합니다
팔짝
팔짝
끝난 게
아닙니다.
에?
따라오세요.
네.
네~.

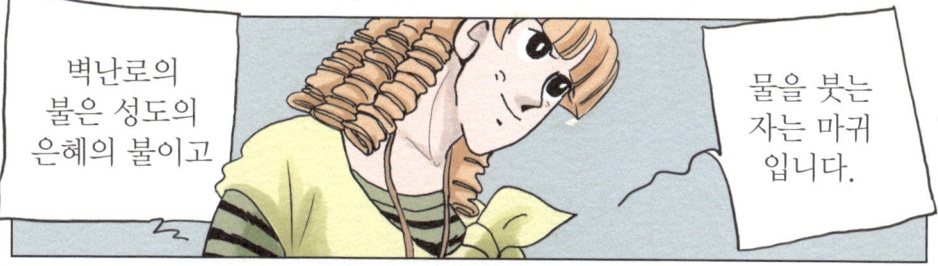

근데 불이 꺼지지 않는 이유가 있을 텐데….

벽난로 뒤로 가 보세요.

엉?

기름을 붓고 있네요.

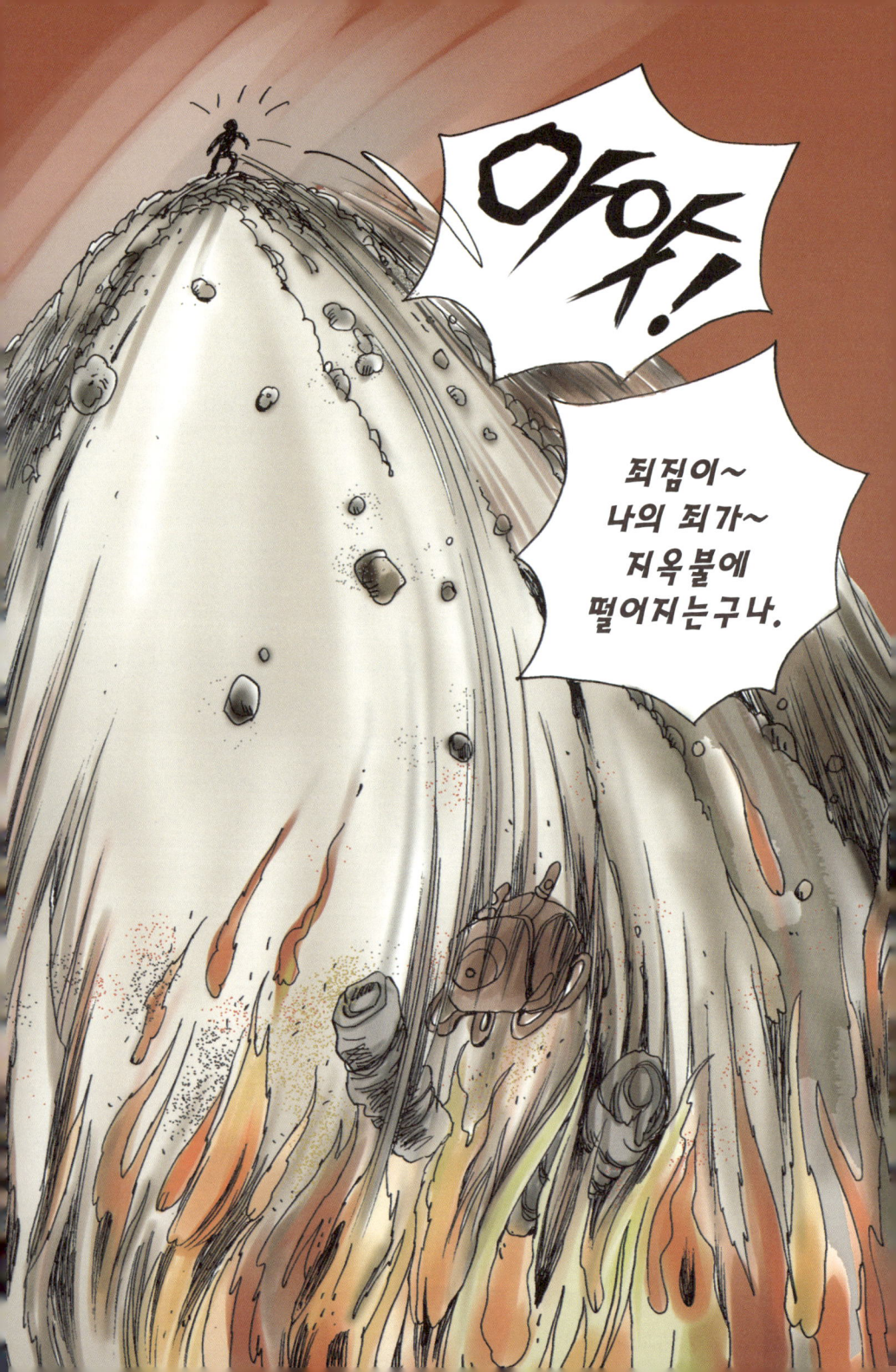

구원의 은혜에 미치지 못하는 사람

우리는 규례를
잘 지키고
있어요.
어?
근데.
겉옷이
우리와
다르네요.
그거 어디서
났어요?
이건 의의 옷인데
그리스도께서
주신 거요.
내가
구원받은
증거입니다.
당신들은
이 옷이 없기
때문에 천국에
못 갑니다.

고난의 언덕

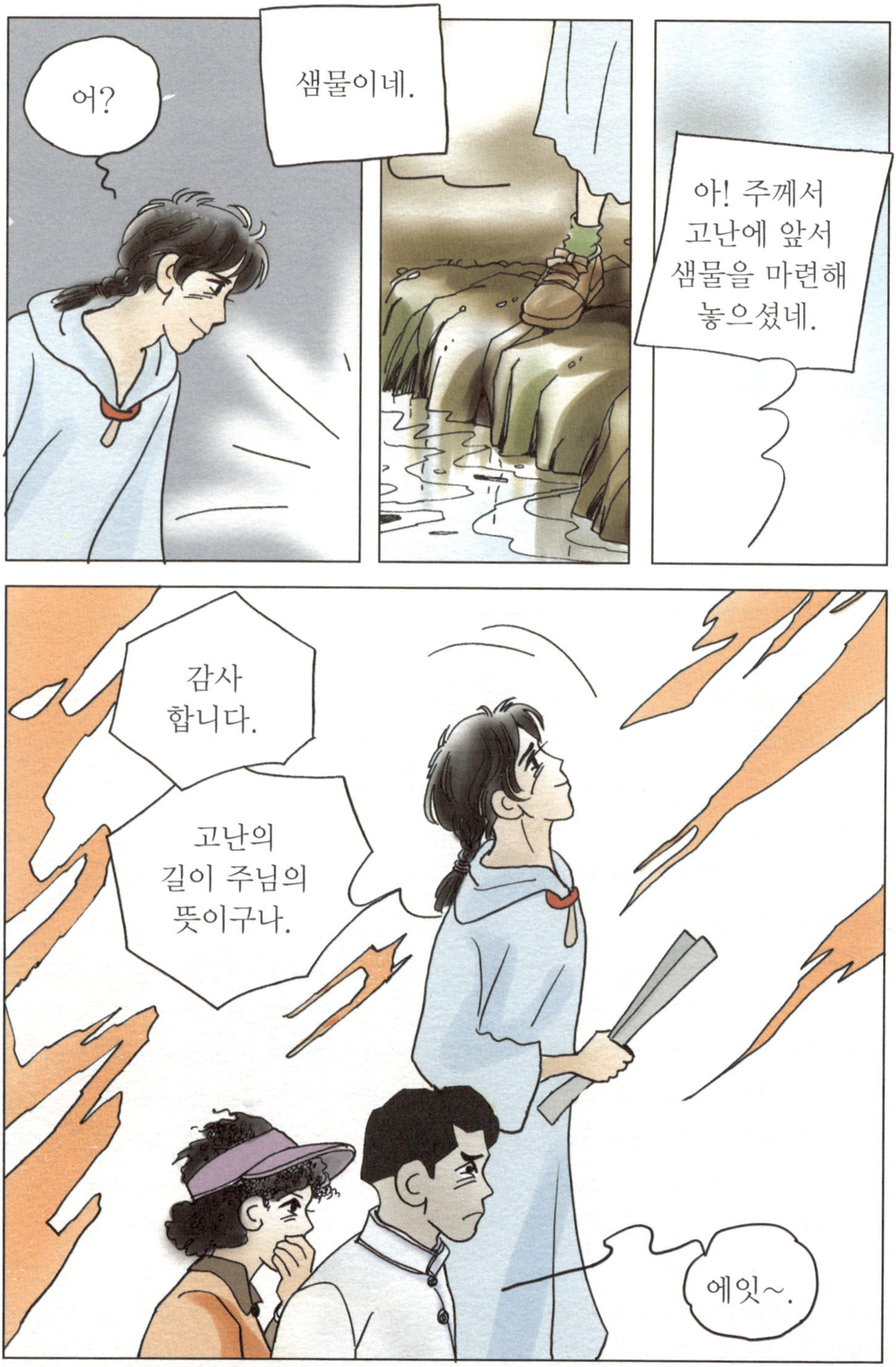
어?
샘물이네.
아! 주께서 고난에 앞서 샘물을 마련해 놓으셨네.
감사 합니다.
고난의 길이 주님의 뜻이구나.
에잇~.

겁쟁이와 의심은 순례의 길을
나섰다가 위험한 일을 만나
되돌아가는 자들이다.

두…
두루마리가
두루마리에
적힌 말씀을 읽어야
하는데….
두루마리가
없다!
정자에서
잠을 자다가
흘렸구나!
게으름에 빠져서
구원의 확신을
잃어버린 상태이다.

그는 깊이 회개하였다.
그러자 성령께서 그의 눈을 밝게 해 주셨다. 두루마리를 잃어버린 것을 허락하신 것도 하나님의 뜻이었다.

이 두루마리를
이전보다 더 소중하게
여길 뿐 아니라,

더욱 감사가
넘치는 삶을 살기를
바래서였다.

두루마리를 다시 찾은 크리스찬은 하나님께 감사 한 후 다시 길을 떠났다.

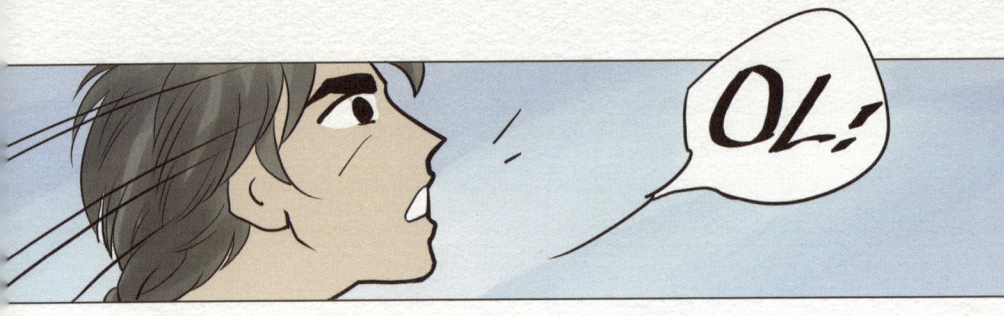

아름다운 궁전

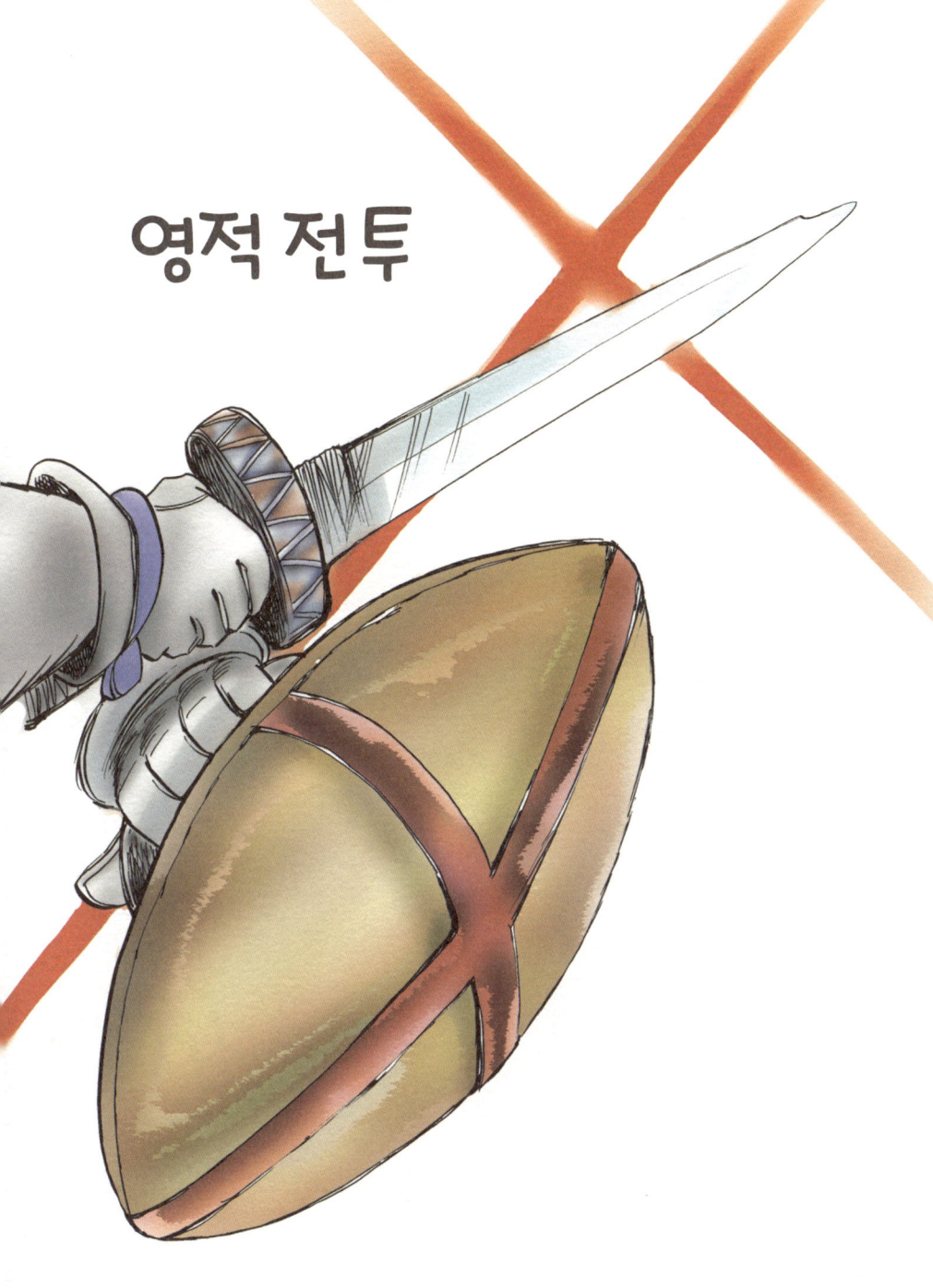
영적 전투

아-하하하

아…
아불루온(사탄)
이다.

어쩌지?

영적 전투 | 199

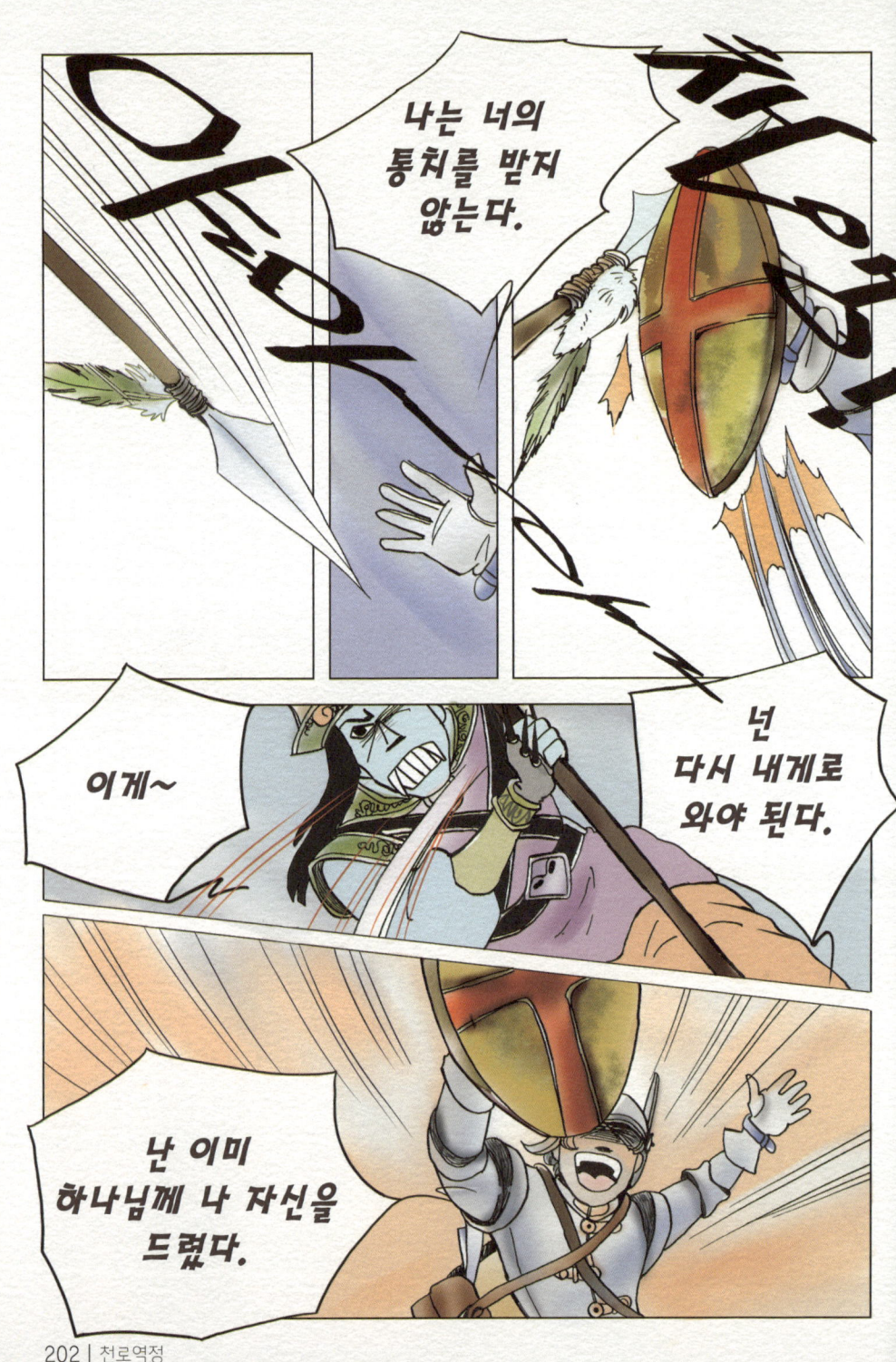

많은 자들이 하나님께로 갔다가 다시 내게로 왔다.

너도 곧 오게 돼 있다.

네 말이 맞다.

그러나!!!

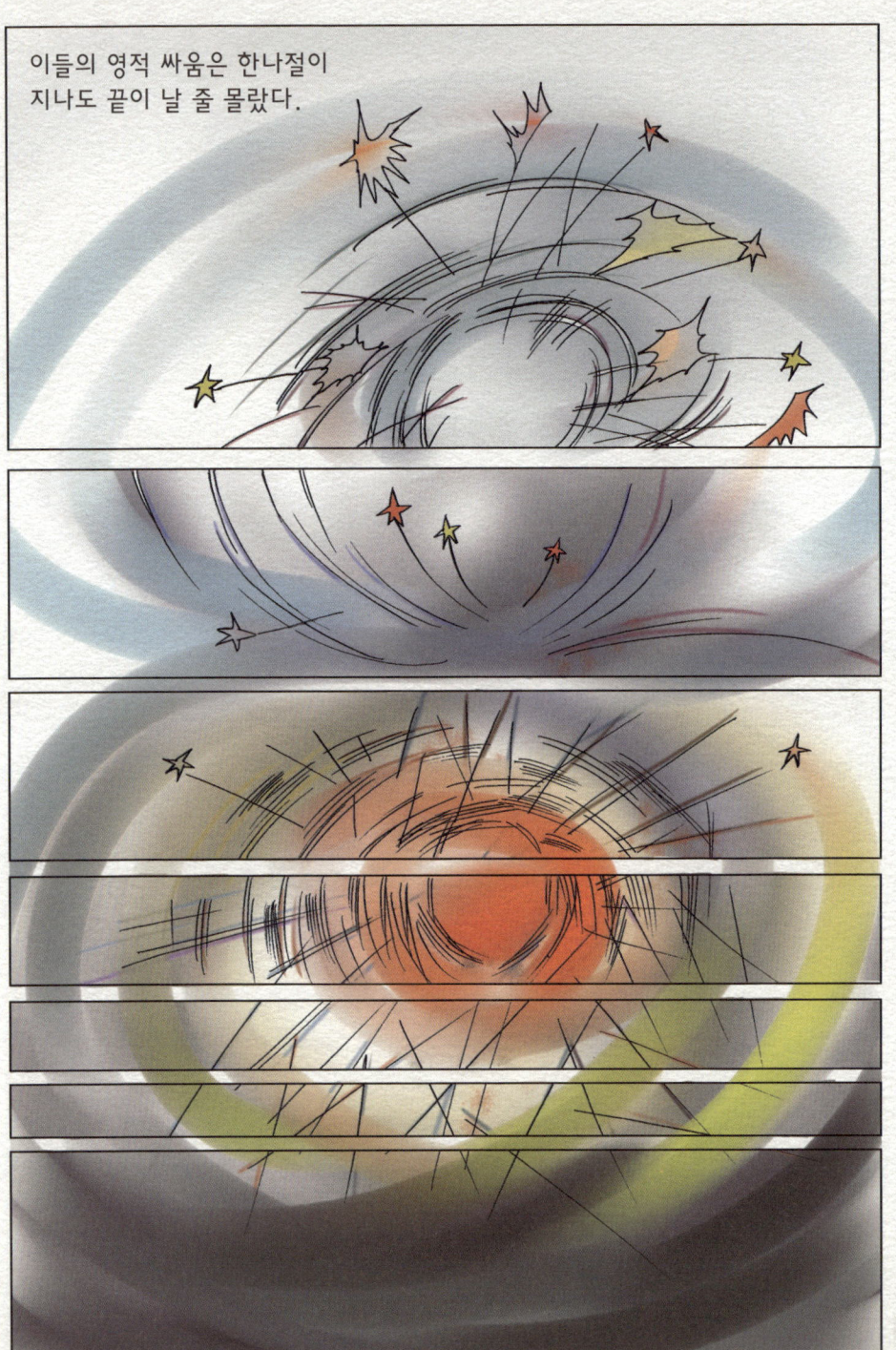

2권에서 계속됩니다.

존 번연의 편지

독자 여러분, 저의 글을 잘못 해석하지 않도록 주의를 기울이십시오.

저는 청교도 시대의 사람입니다. 제가 살았던 시대에는 교회에 사람들이 넘쳤습니다. 그런데 교회의 많은 사람들은 성경에서 말하고 있는 구원의 도에 무지했습니다.

다만 그들은 습관적으로 교회를 다녔으며, 자신의 부모와 친척들이 교회에 다녔기 때문에 교회에 출석했습니다. 이들은 교회에 나가서 의식적인 예배를 드렸고, 교회의 전통을 준수했습니다.

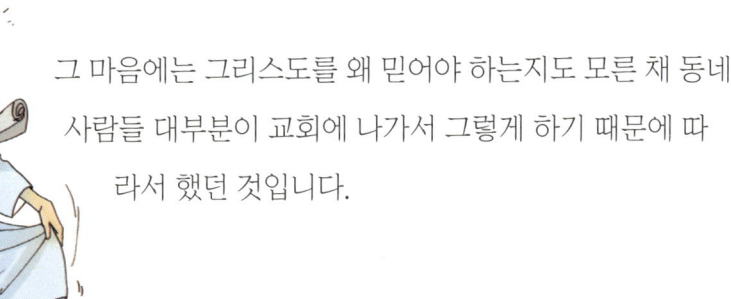

그 마음에는 그리스도를 왜 믿어야 하는지도 모른 채 동네 사람들 대부분이 교회에 나가서 그렇게 하기 때문에 따라서 했던 것입니다.

제가 천로역정에서 가장 먼저 말하고 싶었던 것은
성령께서 구원을 적용하실 때, 우리의 심령에 일어나는 것을
설명하는 것이었습니다. 실제적으로 구원이 우리에게
일어날 때, 일어나는 영적 체험을 서술했던 것입니다.

천로역정이 오늘날 우리에게 필요한 이유입니다.
많은 사람들이 교회에 출석하여도 구원의 은혜를 경험하지
못한 채 명목적 신자로 살아가기 때문입니다.

두 번째로, 제가 천로역정에서 설명하고 싶었던 것은 거짓 믿음입니다. 사람들이 전통에 따라서 교회 생활을 하였기 때문에 교회에는 진정한 신자보다 거짓 신자가 훨씬 많았습니다.

그래서 천로역정에서는 수많은 거짓 신자들의 유형들이 나옵니다. 그들은 한결같이 믿음이 있는 것처럼 보이지만 믿음이 없는 자들입니다.

이러한 위선자들이 교회에 많으면, 교회는 경건의 능력을 잃어버리고, 교회는 세속화가 됩니다. 제가 살던 시대의 청교도들은 이러한 교회를 개혁하기 위해서 참된 믿음과 거짓 믿음을 확실하게 구분하였습니다.

여러분이 살고 있는 이 시대는 어떠합니까?
여전히 똑같습니다.
그리스도를 건강하고 부자가 되기 위해서
믿는 자들이 많습니다. 성령의 역사가 아닌 거짓 영적 체험을 추구하고 있는 것입니다.

따라서 저의 천로역정은 여러분의
시대에 참된 신자와 거짓 신자들을 구별하게 해주고,
여러분 스스로가 하나님의 참된 백성인지를 점검하게
해줍니다.

천로역정은 교회를 나가보지 않은 사람에게도 구원이 무엇인가를 쉽게 가르쳐 줍니다. 죄가 무엇인가를 알려주며, 그리스도를 왜 믿어야 하는지를 깨우쳐 줍니다. 더욱이 그리스도인들이 왜 경건하게 살아가야 할지를 설명하고 있습니다. 그러면 구원이 왜 필요한지를 깨닫게 됩니다.

천로역정은 초기 한국교회에서 전도책자로 사용되었습니다. 길선주 목사의 경우 천로역정을 통해서 회심했습니다.

때문에 만화 천로역정은
전도책자로 매우 유용합니다.
이 책을 통해서
많은 유익이 있기를 바랍니다.